NATIONAL
GEOGRAPHIC

School Publishing

D0503578

Es electrizante

EDICIÓN PATHFINDER

Por Sara Cohen Christopherson

CONTENIDO

Es electrizante

En algún lugar, en este instante, está cayendo un rayo en nuestro planeta. Cada minuto se forman alrededor de 1800 tormentas eléctricas en alguna parte del cielo de la Tierra.

Esas tormentas pueden generar alrededor de 40 relámpagos por segundo. Muchas tormentas incluso pueden generar más. Algunas tormentas fuertes pueden generar 425 destellos de rayo en un minuto. Durante una tormenta en 1953, iluminaron el cielo más de 600 destellos por minuto.

El rayo es en realidad un relámpago sobrealimentado de electricidad. La **electricidad** es un tipo de energía en la que se mueven partículas diminutas llamadas electrones. Un único rayo puede contener miles de millones de vatios de energía eléctrica.

¿Alguna vez sentiste una descarga eléctrica al tocar el picaporte de una puerta? De ser así, tal vez incluso hayas visto una chispa. Ese tipo de electricidad, llamada electricidad estática, es similar a la que genera los rayos. Las cargas positivas y negativas se atraen y… ¡ZAS! Cae un rayo.

¿De dónde viene esta electricidad?

La electricidad se acumula dentro de las nubes. Las nubes están compuestas por polvo y gotitas de agua. El viento sopla en torno al polvo y las gotitas dentro de la nube. Esto genera una carga positiva en la parte superior de la nube. Además, forma una carga negativa en la parte inferior.

El suelo que está bajo una nube de tormenta tiene una carga positiva. Los relámpagos destellan en torno a zonas con cargas opuestas.

1 La parte superior de la nube tiene una carga eléctrica positiva.

2 La parte inferior de la nube tiene una carga eléctrica negativa.

3 El suelo que está debajo de una nube de tormenta tiene una carga positiva.

4 Cuando las cargas eléctricas positivas y negativas son lo suficientemente fuertes, destellan rayos entre la nube y el suelo.

5 También se forman relámpagos entre la parte superior e inferior de una nube.

Clases de rayos

Existen distintas clases de rayos. Aquí se muestran algunos que puedes ver en tu vecindario.

Rayo bifurcado se parece a las ramas de un árbol.

Rayo difuso es un destello de rayo dentro de una nube.

Rayo de calor es un destello de rayo que está tan lejos que no puedes escuchar el trueno que hace.

Un gran rayo

¿Si estuvieras cerca de un rayo qué verías? Un rayo en realidad mide apenas entre 1 y 2 pulgadas de ancho. Si bien el rayo es angosto, puede ser muy largo. ¡El rayo más largo que se haya registrado medía 189,9 kilómetros (118 millas)!

Los rayos son suficientemente calientes para fundir el metal. También son capaces de fundir arena y rocas. ¡De hecho, el rayo es más caliente que el sol!

¡Cae un rayo!

En algunas zonas de la Tierra se producen más rayos que en otras. En los Estados Unidos, caen rayos con mayor frecuencia en Florida, en el área que se ubica entre Tampa y Orlando. Casi todos los rayos que caen allí lo hacen entre mayo y octubre. Esto se debe a las condiciones de humedad y temperatura que favorecen las tormentas.

Luces de la ciudad. Cae un rayo sobre el edificio Empire State en la ciudad de Nueva York. Un pararrayos en lo alto mantiene seguro el edificio.

Chispa de inspiración. Benjamin Franklin remontó una cometa durante una tormenta eléctrica en 1752. Hacerlo le permitió comprobar que los rayos están hechos de electricidad.

Seguridad chispeante

Los rayos pueden ser destructivos. Originan incendios, provocan apagones y destrozan edificios. Toda esa destrucción se va sumando. Los rayos causan daños valorados en cientos de millones de dólares al año. Además, pueden ser peligrosos. Cada año en los Estados Unidos mueren 70 personas y 300 resultan heridas por rayos.

Durante años los científicos han intentado proteger a las personas de los rayos. En la década de 1750, Benjamin Franklin tuvo la idea de inventar un pararrayos. Un pararrayos es un trozo de metal que se coloca en la parte más alta de un edificio. Este metal está conectado al suelo a través de un cable largo. Cuando cae un rayo sobre el pararrayos, el cable conduce la electricidad al suelo de forma segura. El edificio no sufre daños.

Es importante buscar refugio a la primera señal de una tormenta eléctrica. Si no hay edificios alrededor, permanecer dentro de un automóvil es más seguro que estar afuera en la tormenta.

¡Cuidado!

- **Consulta el pronóstico meteorológico.** Antes de salir a hacer ejercicio o jugar, averigua cómo va a estar el tiempo. Quédate en casa si se avecina una fuerte tormenta.

- **No hagas tonterías.** Los rayos son poderosos. No esperes hasta que la tormenta esté encima de ti. Métete adentro a la primera señal de truenos o rayos.

- **Busca refugio.** Los porches o refugios abiertos no son seguros durante una tormenta. Ingresa al interior de un edificio. Si no hay edificios, un auto también sirve.

- **Aléjate de los árboles.** Pararte bajo un árbol puede mantenerte seco, pero es el peor lugar para refugiarse durante una tormenta eléctrica.

¿Por qué truenan los truenos?

¡Relámpagos! Ves un rayo. ¡Pum! Escuchas truenos. ¿Por qué hay truenos después de un relámpago?

Los relámpagos son súper calientes. Un relámpago calienta el aire a más de 23.871°C (43.000°F). El aire está compuesto de partículas diminutas llamadas moléculas. Los relámpagos provocan que estas partículas diminutas de aire se alejen rápidamente.

Después de caer un rayo, el aire se enfría. Las partículas diminutas de aire vuelven a acercarse. El aire se mueve tan rápido que provoca un sonido. Lo llamamos trueno.

Una idea electrizante

La electricidad contenida en un único rayo alcanza para mantener encendida una bombilla de 100 vatios durante tres meses. Entonces, ¿por qué no usamos los rayos para producir energía eléctrica?

La idea de capturar la electricidad de un rayo ha existido desde hace mucho tiempo. Pero nadie aún ha inventado un sistema que funcione. A pesar de ello, algunos inventores siguen intentándolo. Quizás esto sea posible en el futuro.

La próxima vez que veas un rayo, piensa en qué clase de rayo estás viendo. Y recuerda tener cuidado cuando estás cerca de este tipo de electricidad sobrecargada.

Electrizante, pero real

Un rayo es un despliegue poderoso de energía eléctrica, sin embargo es difícil capturar esa energía. Es casi imposible predecir con exactitud dónde caerá el rayo. Y cuando efectivamente cae, puede ser muy destructivo. ¡Todo equipo diseñado para recibir el impacto de rayos debe ser completamente irrompible!

También existen otros problemas. La explosión eléctrica real de un rayo es tan veloz que resulta prácticamente imposible conservar la energía. Y si bien el rayo es un fenómeno eléctrico, gran parte de esa energía eléctrica se transforma en otras formas de energía. Cierta parte se transforma en energía luminosa. Es el destello de luz que ves. Cierta parte se transforma en energía térmica. Esa energía térmica se transforma en energía sonora, que es lo que escuchas como trueno. Una vez que la energía se ha transformado, resulta

Energía eléctrica

En vez de rayos, usamos otros elementos de la naturaleza para suministrar energía a nuestras vidas. El agua, el viento, la luz solar, los combustibles y otras fuentes naturales de energía se usan para producir electricidad.

Por ahora, prácticamente toda la electricidad que consumes se produce en una central eléctrica. En la central eléctrica, un **generador** usa el movimiento, o **energía mecánica**, para producir una corriente eléctrica o energía eléctrica. Una fuente natural de energía se pone en funcionamiento para producir el movimiento que aprovecha el generador.

Un generador mueve un cable de cobre, u otro conductor, a través del polo norte y el polo sur de un imán. Este movimiento produce una corriente eléctrica que circula a través del conductor.

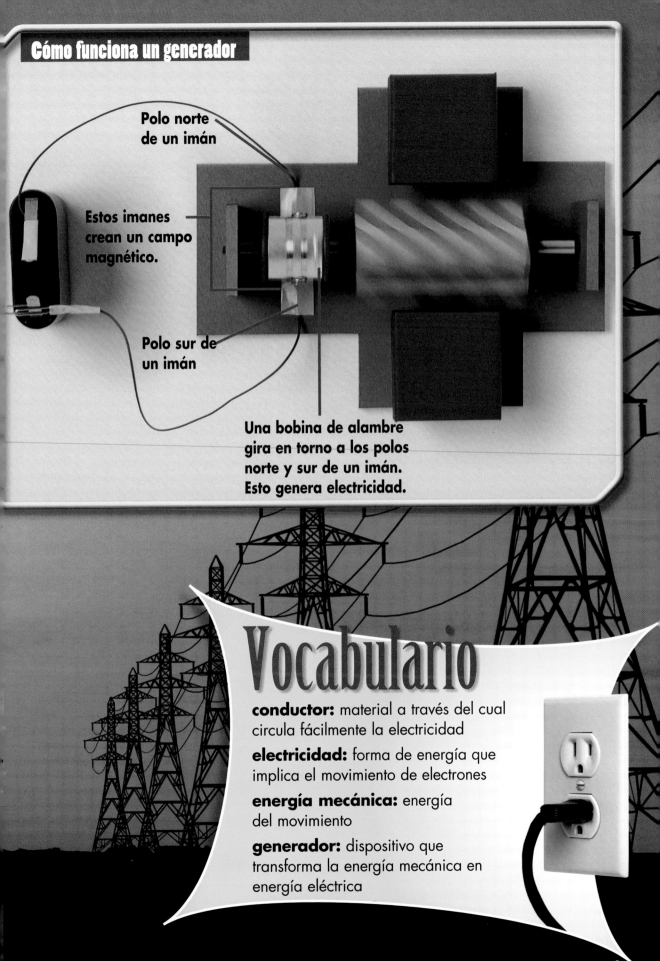

Polo norte de un imán

Estos imanes crean un campo magnético.

Polo sur de un imán

Una bobina de alambre gira en torno a los polos norte y sur de un imán. Esto genera electricidad.

Vocabulario

conductor: material a través del cual circula fácilmente la electricidad

electricidad: forma de energía que implica el movimiento de electrones

energía mecánica: energía del movimiento

generador: dispositivo que transforma la energía mecánica en energía eléctrica

Energía humana

¿Sabías que las personas también pueden generar electricidad? Los seres humanos pueden suministrar la energía mecánica necesaria para propulsar generadores pequeños. La energía generada por las personas puede utilizarse en caso de un apagón o cuando la conexión eléctrica está muy lejos. Y con la energía humana, ¡ya no tienes que preocuparte por las baterías!

Ilumina la noche. Estas luces de bicicleta no tienen batería.
A medida que los ciclistas pedalean, los generadores producen electricidad para encender las luces.

Cuando cuentas con energía producida por las personas, puedes escuchar la radio o hacer llamadas telefónicas aunque estés lejos de los tomacorrientes. ¡Hasta puedes usar una computadora!

Puedes usar un teléfono móvil aunque no tengas acceso a la electricidad. Dale cuerda a este teléfono móvil y estará listo para llamar.

Esta radio se activa haciendo girar la manivela. Girar la manivela hace funcionar al generador.

Seguramente actives un interruptor o pulses un botón para encender la luz. Estas luces se encienden con un pedaleo, un batido, una manivela o un apretón.

¿Un apagón? ¡No hay problema! El movimiento de agitar o apretar hace funcionar esta linterna.

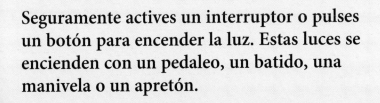

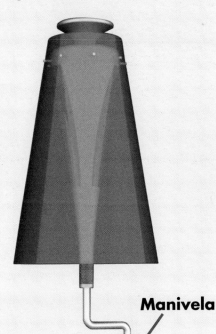

Manivela

¡Esta lámpara no tiene enchufe! Para encenderla giras la manivela. Si la haces girar sólo un minuto puedes mantener encendida la bombilla durante 40 minutos.

Rayos

Responde las siguientes preguntas electrizantes para evaluar lo que has aprendido.

1 ¿Cómo se produce un rayo?

2 ¿Por qué no se usan los rayos para generar electricidad?

3 ¿Por qué son peligrosos los rayos?

4 ¿Cómo funciona un generador?

5 ¿Cómo puede generar electricidad la energía humana?